LIBRARY
Lindsay Place H.S.
111 Broadview
Pointe Claire QC
H9R 3Z3

MW01585615

DATE DUE			

DISCARDED

PARAPENTE

Lina Kauv • Chris Paggi
Christian Pedrotti

GAMMA ÉCOLE ACTIVE

Édition originale
© Éditions Gamma
60120 Bonneuil-les-Eaux
Dépôt légal : Septembre 2003.
Bibliothèque Nationale.
ISBN : 2-7130-1997-4

Exclusivité au Canada :
Éditions École Active
2244, rue de Rouen, Montréal,
Qué. H2K 1L5
Dépôts légaux : Septembre 2003.
Bibliothèque Nationale du Québec,
Bibliothèque Nationale du Canada.
ISBN : 2-89069-746-0

Loi n° 49-956 du 16 juillet 1949 sur les
publications destinées
à la jeunesse.

Création - Réalisation :
NEVA Éditions
Direction de collection :
Andréa Lémani
Maquette :
Olivier Espinasse
Avec la collaboration de
Nathalie Bossus

Tous droits de traduction et d'adaptation réservés pour
tous pays.

Imprimé en Italie

Sommaire

- **4** Petit historique
- **8** Ton matériel et équipement
- **14** Découvrir la technique
- **20** Entraînement, échauffement, sécurité
- **24** Le respect des règles et des autres
- **28** Tu découvres ton sport
- **34** Les lieux de pratique
- **38** Les professionnels, compétitions et champions
- **46** Glossaire
- **47** Index

Petit historique

N'as-tu jamais rêvé de voler ?... Eh bien, dis-toi que tu n'es pas le seul et que d'autres avant toi en ont rêvé et que d'autres après toi en rêveront encore...

L'histoire du parapente est liée à la recherche de la liberté.

Selon la mythologie, Icare a été le premier homme à se brûler les ailes dans la recherche de la liberté. En voulant s'enfuir de sa prison par les airs, il n'a pas écouté son père qui lui disait : « Ne vole ni trop haut, ni trop bas. Reste dans un espace intermédiaire, à mi-hauteur entre le ciel et la terre ». Icare, monté trop près du soleil fit fondre ses ailes de cire.

Depuis, beaucoup d'hommes ont essayé avec plus ou moins de succès.

Au 16e siècle, Léonard de Vinci fut l'un des premiers a inventé le principe du parachute.

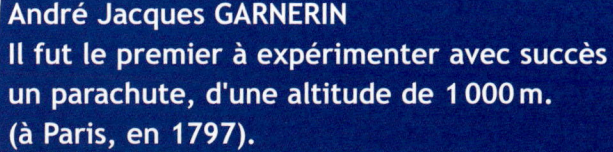

André Jacques GARNERIN
Il fut le premier à expérimenter avec succès un parachute, d'une altitude de 1 000 m. (à Paris, en 1797).

Toutes ces inventions sont insuffisantes. L'homme veut voler comme les oiseaux. Il veut planer dans les airs.

En 1948, Francis Rogallo, ingénieur à la NASA met au point une aile flexible pour concevoir un cerf-volant triangulaire. C'est le premier engin volant contrôlable sans structure rigide.

Peu après, le parachute ascensionnel apparaît avec des départs tractés par voiture (maintenant par bateau en bord de mer), c'est le « paragliding ».

Petit historique

A la fin des années soixante, les inventions de Domina Jalbert (Brevet de l'aile à caissons) et de Dave Barish (Aile à surface simple, entièrement souple pour descendre les pentes) se complètent pour devenir le premier parapente.

Ce sont des français qui développent le parapente.

Avec son développement, les compétitions apparaissent : Coupe de France, Coupe du Monde... et bien sûr la Coupe Icare du nom de son « précurseur »...

En juin 1978 à Mieussy (dans les Alpes), trois parachutistes français : Jean-Claude Bétemps, André Bohn et Gérard Bosson réalisent les premiers vols à partir du sommet de Pertuistet. Puis, des montagnards viennent se joindre au plaisir de voler ainsi que les amateurs de delta.

En 1983, la Fédération Française du Parachute (FFP) en fait un sport nouveau. On l'appelle d'abord : « le vol de pente », ou « le parachute en montagne » et enfin « parapente ».

Le parapente est le cousin du parachute.

Ton matériel et équipe

Dans la pratique du parapente, le matériel est essentiel. Il doit être adapté à ton corps et à ton poids. Les professionnels le choisissent en fonction de leur niveau.

La voile et le suspentage

La voile est la partie souple qui permet de s'élever dans les airs. Elle est faite le plus souvent en polyester et elle a une surface de 20 à 35m2. Grâce aux ouvertures qu'elle présente sur le bord d'attaque (l'avant de l'aile), l'air rentre dans les caissons et gonfle la voile.

Sur la voile, sont attachées de petites cordelettes que l'on appelle « suspentes ».
Elles permettent de contrôler la voile pendant le vol. Par exemple, les suspentes de frein attachées à l'arrière de la voile (bords de fuite) sont reliées aux deux commandes de frein que le pilote tire pour atterrir.

La sécurité du matériel

L'aile est toujours testée. Elle est labellisée selon la Norme Afnor dans le cadre du Comité européen de normalisation. Il y a cinq labels possibles : initiation, sortie école, autonome, confirmé ou expert.

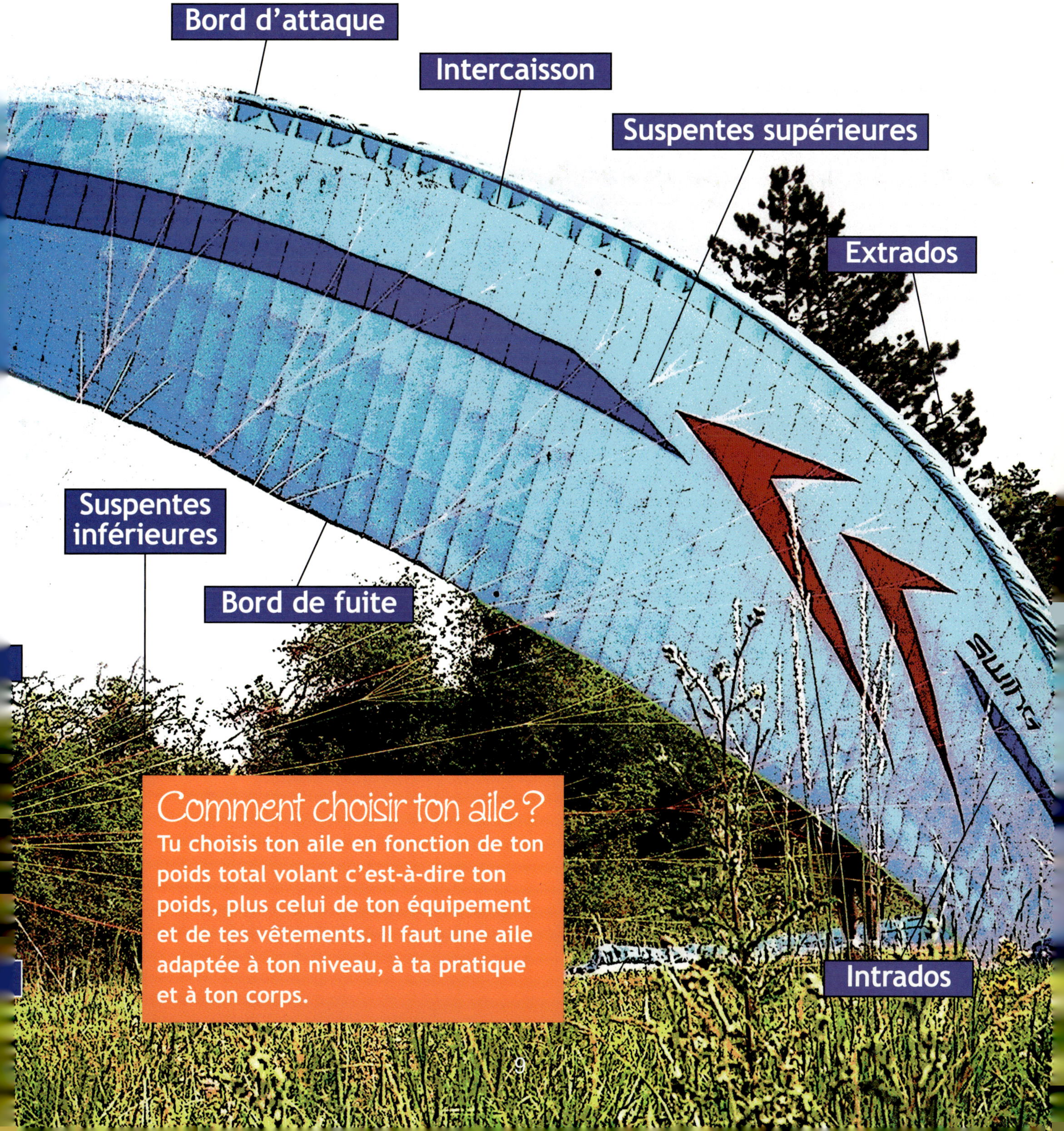

- Bord d'attaque
- Intercaisson
- Suspentes supérieures
- Extrados
- Suspentes inférieures
- Bord de fuite
- Intrados

Comment choisir ton aile ?

Tu choisis ton aile en fonction de ton poids total volant c'est-à-dire ton poids, plus celui de ton équipement et de tes vêtements. Il faut une aile adaptée à ton niveau, à ta pratique et à ton corps.

Ton matériel et équipe

La sellette et ses accessoires

La sellette ressemble à un confortable fauteuil. Elle sert aussi de protection en cas de chocs éventuels surtout au niveau du dos. C'est aussi dans cette sellette que tu ranges ta voile une fois repliée.

Elle doit aussi être adaptée à ton corps, c'est par son intermédiaire que tes mouvements vont se transmettre aux suspentes puis à la voile. Si pendant le vol, tu te déplaces vers la gauche, tu vireras à gauche...

Les points d'attaches font le lien entre ton corps et la sellette. Il y a trois points d'attaches : les deux cuissardes pour les deux jambes et la ventrale pour maintenir le haut de ton corps comme une ceinture. Il ne faut en aucun cas enlever l'attache des cuissardes pendant un vol.

La sellette peut quelquefois contenir un parachute de secours. Il se trouve dans une poche au dos de la sellette. On doit l'utiliser dans des situations précises comme par exemple quand tu rencontres un problème avec ton matériel ou quand tu crois que tu vas rencontrer un obstacle dangereux.
Le parachute de secours doit être utilisé par le parapentiste avec beaucoup de soin. On fait appel à lui en cas d'obstacle imminent.

Ton matériel et équipe

L'équipement du parapentiste

Cette partie du matériel touche directement la protection de ton corps. Tu as besoin d'un casque, de gants, d'une combinaison, de chaussures adaptées, de lunettes pour te protéger les yeux et d'une radio.

Le casque est indispensable. Il contient une épaisse couche de mousse pour la protection de ta tête.

Les gants et la combinaison te protégent du froid et du vent.

Les chaussures idéales sont les chaussures de montagne. Elles doivent te maintenir les chevilles lors du décollage et de l'atterrissage.

Les lunettes te protégent du soleil et du vent qui pourraient te brouiller la vue.

La radio te permet de garder le contact avec le moniteur si tu as besoin d'aide.

Il y a aussi des instruments « techniques » : l'**altimètre** (pour connaître l'altitude), le **variomètre** (pour les variations de pression), l'**anémomètre** (pour connaître la vitesse du vent) et le **GPS** (Global Positionning System/ Guidage Par Satellites, pour se positionner dans les airs) que les professionnels utilisent pour se diriger.

Découvrir la technique

Pour commencer le parapente dans une école, il faut au moins avoir 14 ans. Il faut que tu présentes un certificat médical et une autorisation de tes parents.

Le stage d'initiation

C'est pendant ce stage d'une moyenne de six jours où tu es bien encadré que tu fais l'apprentissage du parapente. Il faut t'inscrire dans une école où tu apprends tous les gestes de bases et surtout toutes les erreurs à ne pas faire.

Pendant les premiers jours, tu vas pouvoir découvrir l'esprit de solidarité et de fraternité du monde du parapente : on s'aide à déplier ou à replier les voiles, on partage les informations, les idées pour mieux voler. C'est un sport où la compétition n'existe pas à ton niveau, les compétitions s'adressent seulement aux professionnels.

Tu vas rencontrer des gens qui partagent le même rêve que toi : voler. Un esprit de groupe va se former.

Le moniteur va te prêter ton matériel (la voile, le casque...) en fonction de ton corps. Ensuite, il te fera découvrir ce matériel. Il t'expliquera comment le régler, comment il fonctionne et comment l'utiliser, comment déplier et replier une voile... Il t'apprendra aussi les gestes à faire pour pouvoir gonfler ta voile correctement.

Vous allez, ton groupe et toi « suer » ensemble sur la pente-école, dans l'espoir de voir vos pieds décoller du sol rien que pour une fraction de seconde. Vous allez courir en écoutant les instructions du moniteur dans la radio : « Tire à droite! Redresse-toi! Coure plus vite! ».

Découvrir la technique

Vous allez descendre, monter, redescendre, monter cette pente que vous connaissez maintenant par cœur.

Au troisième jour, après le cours sur le vent et la météo, tu t'impatientes. Toi ce que tu veux, c'est voler. Faire le grand vol. Eh bien, ça tombe bien. C'est pour demain.

Mais d'abord, il faut établir un plan de vol : choisir et étudier les terrains de décollage et d'atterrissage et s'informer du bulletin météo.

Comment choisir les terrains de décollage et d'atterrissage

Pour le décollage, il faut choisir un terrain assez large pour arrêter le décollage si le gonflage de la voile n'est pas réussi. Il ne doit pas y avoir d'obstacles comme des arbustes, des rochers, des arbres où tu pourrais trébucher lors de ta course. Ne t'inquiète pas, de toute façon, c'est le moniteur qui le choisit. Il vous emmène tous à bord d'un mini-bus vers les hauteurs d'une montagne. Le terrain de décollage est souvent un pré, c'est sur sa partie haute que tu déplies la voile. Il doit être incliné d'environ 30% pour te permettre de décoller dans les meilleures conditions.

Le terrain de décollage où tu dois faire une course rapide doit être incliné et arrivé à cette pente de 30%, tu peux t'envoler...

Découvrir la technique

Pour l'atterrissage, il faut choisir un terrain sécurisé, il doit être de préférence recouvert d'herbe ou de sable pour pouvoir amortir ton retour au sol. Il doit mesurer au moins 200 mètres sur 50.

Bien sûr, il ne doit pas y avoir d'obstacles comme des arbres, des immeubles ou des fils électriques.

Un manche à air est obligatoirement plantée sur le terrain d'atterrissage. Elle permet de connaître la direction du vent car pour l'atterrissage, tu dois atterrir face au vent.

Avant de partir, les moniteurs te « brieffent » sur les terrains de décollage et d'atterrissage pour que tout se passe bien. Ils te donnent des points de repères pour pouvoir te diriger une fois dans les airs et que tu respectes le plan de vol établi.

Il faut maintenant s'intéresser à la météo pour pouvoir t'envoler dans les meilleures conditions.

Entraînement, échauffe

Ta condition physique

Il est recommandé d'avoir une bonne préparation physique. Ton corps doit se sentir prêt à vivre ce moment intense. Pendant le stage d'initiation, l'entraînement sur la pente école permet à ton corps de se préparer. Il faut savoir courir, une petite course est nécessaire pour gonfler ta voile et t'envoler.

Ton alimentation

Comme pour tous les sports, il faut bien s'alimenter. Il faut manger équilibré. A la veille d'un grand vol, il est conseillé de manger des féculents (pâtes, pommes de terre, riz...), des protéines (viande, poisson...) et du sucre (fruits...).

Pour le vol, tu peux emporter avec toi des barres chocolatées ou un fruit. Il est aussi très important de bien s'hydrater, il faut boire beaucoup d'eau.

Le tableau ci-dessous te permet de visualiser ce dont tu as besoin pour être en pleine forme lors de ton premier vol.

Menu sportif (environ 3000 Kcal/j)

Petit déjeuner
- Produit laitier (lait, yaourt,...)
- Céréales (biscottes, biscuits,...)
- Beurre (10 g.), miel (30 g.)
- Oeuf ou jambon
- Jus de fruit ou fruit

Déjeuner
- Crudités, salade avec huile (15 g.)
- Viande ou poisson avec du pain
- Fruit

Goûter
- Céréales (biscottes, biscuits,...)
- Produit laitier (lait, yaourt,...)
- Eau + un fruit

Dîner
- Crudités
- Viande ou poisson avec du pain
- Légumes verts (300 g.)
- Fromage frais ou yaourt sucré
- Pain (1/3 baguette)
- Fruit

L'alimentation d'un jeune sportif

LES RÈGLES DE BASE :
- Entraînement régulier et sommeil suffisant,
- Une bonne alimentation équilibrée,
- Pas de tabac et d'alcool.

Énergie dépensée

Patinage	800 Kcal/h
Cross-jogging	600 Kcal/h
Basket	500 Kcal/h
Football	400 Kcal/h
Cyclisme	350 Kcal/h
Natation	200 Kcal/h

A SAVOIR : Plus l'exercice est intense et de longue durée, plus il faut d'énergie.

Répartition des aliments

50% - 55%	Glucides (le meilleur carburant pour les efforts brefs)
30% - 35%	Lipides (pour les exercices de longue durée)
15%	Protéines (nécessaires aux muscles)

Entraînement, échauffe

La météo : les conditions idéales

Le parapentiste est très dépendant du temps. La nature a ses humeurs et tu dois pouvoir t'y adapter. Si le vent est trop fort ou s'il pleut, on ne peut pas voler.

Le moniteur repère les créneaux de vol possibles. Les conditions idéales sont en général, un vent moyen, un ciel clair pour avoir une bonne visibilité et surtout pas de pluie. Il y a des balises météo qui sont en générales installées par les clubs. Elles permettent de connaître la direction et la force du vent et parfois la température.

Lors du décollage, il faut un vent nul ou un vent de face (un vent qui fait face au terrain de décollage) pour pouvoir gonfler ta voile plus facilement.

...ment, sécurité

Pendant le vol, il ne doit pas pleuvoir, le vent ne doit pas être trop fort et le ciel pas trop couvert pour que tu vois les points de repères pour te diriger plus facilement. Il faut atterrir face au vent. Le moniteur t'indique comment atterrir grâce au manche à air plantée sur le terrain d'atterrissage.

Le manche à air

Le manche à air te permet de connaître la direction et l'intensité du vent. C'est une information très importante pour un parapentiste. Le vent est ton partenaire.

Le respect des règles

Comme dans tous les sports, il y a des règles à respecter. Pour que tu puisses faire du parapente en toute sécurité, certaines règles ont été adoptées et tu devras toi aussi les respecter pour assurer la sécurité des autres.

La réglementation

Pour voler, tu n'as pas besoin comme pour les avions d'un permis de piloter, il te faut simplement une assurance responsabilité civile et l'autorisation des propriétaires des terrains de décollage et d'atterrissage.

Le plus important est de respecter les règles de l'espace aérien.

Tu n'as pas le droit de voler près des aéroports et des aérodromes, dans les couloirs aériens et dans certaines zones militaires.

et des autres

Le vol dans les nuages et les vols de nuit sont interdits : la journée pour les parapentiste commence 30 minutes après l'heure officielle du lever du soleil et finit 30 minutes après son coucher.

Quand tu voles, il faut avoir une visibilité minimale selon l'altitude où tu te trouves.

En résumé, la règle d'or à respecter est « voir et être vu ».

Le respect des règles

Les priorités à respecter en vol

Toutes les machines volantes cohabitent dans le ciel selon un ordre de priorité. D'abord, les ballons et les montgolfières ont priorité sur toutes les autres. Ensuite viennent les parapentes, les deltas et les planeurs et puis enfin il y a tous les engins à moteur comme les avions et les hélicoptères.

Les sites

La majorité des sites sont gérés par des clubs. Dans la majorité des pays, l'accès aux sites est libre et gratuit. Les propriétaires des terrains de décollage et d'atterrissage sont prévenus. Il est donc facile de voyager d'un lieu à un autre. Mais il y a des sites payants où il faut adhérer au club local ou à la fédération du pays. Parfois, il faut justifier d'un certain niveau de pilotage pour pouvoir voler.

Le parapente est en fait une activité assez libre qui dépend essentiellement de ton propre comportement face aux différents règlements. Pour la sécurité de tous, être responsable est le mot d'ordre pour le parapentiste.

et des autres

Si tu rencontres un autre parapentiste sur ton chemin, tu dois l'éviter par la droite.

Entre deux engins de même catégorie, on s'évite en circulant par la droite comme en voiture.

Le pilote avec un relief à sa droite, a priorité sur un pilote venant d'en face. Ce dernier doit alors s'écarter.

Lorsque tu es dans un thermique et qu'une autre voile se trouve en dessous de toi, il faut que tu laisses ta place car celui qui est en bas a moins de place pour manœuvrer.

Une règle simple : une machine en vol est de toute façon toujours prioritaire sur une machine au sol.

Tu découvres ton sport

Le premier vol

Allez ! Tu déplies ta voile, tu règles ton siège et ton casque, tu vérifies ta radio. Tu vois dans ta tête le terrain d'atterrissage. 1-2-3, tu te lances ! Tu cours vers le vide, tes pieds décollent et tu t'envoles...

D'un mouvement, tu t'assois confortablement dans ton siège et tu profites enfin du paysage au-dessous de tes pieds.

Les gens, les maisons, les voitures... tout est minuscule.
Tu peux voir l'ombre des nuages sur le sol. Tu peux sentir le vent sur ton visage...

Une fois ta voile gonflée, tu peux lâcher les suspentes avant, tu continues de courir et enfin tes pieds décollent, tu t'envoles...

Tu découvres ton sport

Sur ton chemin, tu peux rencontrer des thermiques ou des turbulences. Les premières te permettent de prolonger ton voyage puisque cet air chaud te fait monter dans les airs, les secondes mettent un peu de piment dans ton voyage un peu trop tranquille jusque-là, elles te secouent mais tu sais qu'elles sont passagères... Alors tu ne t'inquiètes pas... tu profites du moment présent.

> Un thermique est une masse d'air chaud que tu peux rencontrer lors de ton vol. Cette masse d'air chaud te soulève, elle te permet de prendre de l'altitude et donc de prolonger ton vol.

La radio te rappelle à l'ordre, c'est le moniteur. Il te dit que tu approches du terrain d'atterrissage. Tu visualises les points de repères où tu dois atterrir précisément.

Les turbulences sont passagères. Ce sont de brusques mouvements d'air d'intensité et de direction différentes. Elle te secouent un peu mais elles ne t'empêchent pas de continuer ton chemin.

Tu découvres ton sport

C'est ton premier atterrissage et tu voudrais qu'il soit parfait ou du moins qu'il se passe bien. Tu effectues la manœuvre d'atterrissage en « PTS » (Prise de Terrain en S) ou en « PTU » (Prise de Terrain en U), selon l'altitude où tu te trouves, la direction du vent et ce que le moniteur te conseille.

Le sol se rapproche de plus en plus, tu dois atterrir face au vent. Le temps de tirer sur les commandes de frein arrive.

La radio te donne le signal, tu tires, la voile se replie en deux, tu sors de ton siège et enfin tes pieds foulent le sol sans encombre. Tu effectues un demi-tour, tu te retrouves face à ta voile et tu cours vers elle pour l'affaler.

La prise de terrain en « U » est celle que l'on utilise si on est à bonne hauteur pour atterrir. Elle permet aussi de se replacer face au vent plus facilement.

La prise de terrain en « S » signifie que le parapentiste forme des « S » pour perdre de l'altitude plus rapidement pour pouvoir atterrir sur le terrain prévu.

Après toutes ces émotions, tu dois faire vite et libérer le terrain pour que d'autres parapentistes puissent atterrir. Tu enroules ta voile, la prends sous les bras pour aller la plier dans un espace libre où ceux qui t'ont précédé font de même. En pliant ta voile, tu as la tête encore pleine d'étoiles. Tu as vécu ça comme un rêve. Cette sensation de voler était si douce...

Une fois que tu as atterri, tu ne dois pas rester au milieu du terrain d'atterrissage. Tu dois « rouler » ta voile, la porter sous le bras et la replier sur un bout de terrain prévu à cet effet.

Les lieux de pratique

Avec un appareil aussi léger et aussi maniable, il est facile d'imaginer toutes sortes de pratiques (à deux, acrobatie) en divers endroits comme en montagne ou en mer.

Le vol à deux : vol en biplace

C'est le vol du « baptême ». Tu es accompagné d'un moniteur et tu te laisses guider, il est assis un peu plus haut derrière toi pour avoir une bonne visibilité et c'est lui qui effectue toutes les commandes. Il y a deux sièges mais une seule voile.

Celle-ci a une plus grande surface pour supporter vos deux poids. Le plus important pour toi lors de ce vol est dans le décollage : tu dois courir en même temps que le moniteur et tu ne dois pas une fois en l'air t'asseoir sur ton siège trop tôt.

Le vol de « baptême » se fait à deux. Lors de ce premier vol, le moniteur s'occupe de tout mais peut-être te laissera-t-il les commandes l'espace de quelques minutes...

Les lieux de pratique

Le rando-parapente
Le paralpinisme

Cette spécialité se déroule en montagne. Le parapentiste monte en haut d'une montagne avec une voile plus légère (5 kg au lieu de 10 à 15 kg) et s'envole une fois sur le sommet. Il évite comme ça les descentes fastidieuses. Il faut alors savoir courir sur la neige et décider du meilleur moment pour décoller car le vent est assez fort en altitude. Pour pouvoir s'envoler d'une montagne et profiter de ce merveilleux paysage, il te faut donc une bonne formation d'alpiniste et de parapentiste.

Le paralpinisme demande une bonne expérience de la montagne. Pour pouvoir connaître cette nouvelle sensation, il te faudra d'abord avoir à ton palmarès beaucoup de vols...

Les professionnels, com

Le vol en bivouac

Le principe du vol en bivouac est d'utiliser le parapente comme un moyen de transport. Il faut enchaîner les vols pendant plusieurs jours sans se servir d'un moyen mécanique (voiture, moto...) pour se déplacer. On doit remonter les pentes à pied et si le temps ne permet pas de voler, on rattrape ce retard en se servant de ses pieds pour continuer à avancer. On peut emporter une tente pour pouvoir camper ou se déplacer en vélo d'un point à un autre.

Quelquefois, ces voyages s'effectuent en biplace, à deux la sécurité est meilleure et on partage alors ces visions magnifiques que peut être par exemple le Népal vu d'en haut.

En 1993, Didier Faure effectue la traversée des Alpes en bivouac. Il part de Monaco et arrive en Slovénie.

Le paralpinisme demande une bonne expérience de la montagne. Pour pouvoir connaître cette nouvelle sensation, il te faudra d'abord avoir à ton palmarès beaucoup de vols...

Les professionnels, com

Le vol en bivouac

Le principe du vol en bivouac est d'utiliser le parapente comme un moyen de transport. Il faut enchaîner les vols pendant plusieurs jours sans se servir d'un moyen mécanique (voiture, moto...) pour se déplacer. On doit remonter les pentes à pied et si le temps ne permet pas de voler, on rattrape ce retard en se servant de ses pieds pour continuer à avancer. On peut emporter une tente pour pouvoir camper ou se déplacer en vélo d'un point à un autre.

Quelquefois, ces voyages s'effectuent en biplace, à deux la sécurité est meilleure et on partage alors ces visions magnifiques que peut être par exemple le Népal vu d'en haut.

En 1993, Didier Faure effectue la traversée des Alpes en bivouac. Il part de Monaco et arrive en Slovénie.

Le vol acrobatique

C'est une pratique très impressionnante. On peut voir la voile virevolter dans les airs, le pilote effectue des figures acrobatiques comme en gymnastique.

Seul un parapentiste bien expérimenté peut effectuer ces acrobaties que l'on appelle aussi « saga ». On peut faire des loopings, des tonneaux..., le pilote peut se rapprocher du sol très rapidement en tournant sur lui-même, on appelle cela l'atterrissage à 360°. C'est un jeu de glisse qui demande un grand contrôle de sa voile, le terrain d'atterrissage est en général soit un relief en herbe ou en sable, soit de l'eau pour amortir une chute possible.

Les professionnels, com

La compétition dans le monde

Le vol de distance : la coupe fédérale de distance.

On profite des bonnes conditions du printemps pour pouvoir voler longtemps. On peut faire des dizaines de kilomètres ou des centaines de kilomètres lors de journées exceptionnelles. Il faut se trouver au bon endroit et au bon moment et bien choisir son terrain d'atterrissage.

C'est une compétition amicale sans enjeu, fondée sur l'honneur. On additionne les trois meilleurs vols de l'année et le vainqueur est celui qui a parcouru le plus de kilomètres.
Il y a trois sortes de pratiques :

La distance libre

C'est simple, on part d'un endroit et le but est d'aller le plus loin possible grâce à l'aide du vent. Le but est fixé par le pilote lui-même. Chaque kilomètre vaut un point. Par exemple, 337 kilomètres ont été parcourus en Afrique du Sud.

pétitions et champions

Le triangle

Le pilote part de son point de départ et doit alors contourner deux balises pour former un triangle. Cette pratique est la plus compliquée puisqu'il faut savoir jouer avec les directions du vent. Chaque kilomètre vaut 1,5 point. Le record est de 185 km.

La compétition en France se déroule de mars à septembre. Elle comprend une dizaine d'épreuves qui se déroulent les week-ends. Il y a aussi des classements régionaux.

L'aller-retour

Ici, une fois parti, le pilote doit contourner une balise puis il retourne à son point de départ. C'est une pratique un peu plus difficile car le vent n'est pas toujours dans le bon sens. Chaque kilomètre vaut 1,3 point. Le record est de 170 km.

Les professionnels, com

Championnats et Coupe du Monde

Le championnat de France dure une semaine. Les meilleurs pilotes se rencontrent sur un site et on désigne alors le champion de France.

Les Championnats du Monde et d'Europe se déroulent alternativement tous les deux ans et sont organisés par la Fédération Aéronautique Internationale.

Chaque pays présente une équipe de pilotes qui volent pendant deux semaines.

Les pilotes sont sélectionnés en fonction de leurs résultats obtenus en championnats et classements nationaux de l'année précédente. Les compétitions durent une semaine avec un maximum de cinq manches. On classe les pilotes, les premiers obtiennent le plus de points. Et, en fin de saison, on additionne tous les

pétitions et champions

résultats et le vainqueur du titre est celui qui a le plus de points. Le champion du monde est un pilote capable de voler vite et dans des conditions différentes, de l'Australie à la Sierra Nevada.

La coupe du monde (Paragliding World Cup) se joue tous les ans sur six ou sept sites différents : en Europe, au Japon, aux Etats-Unis, au Brésil, en Chine…

Les professionnels, com

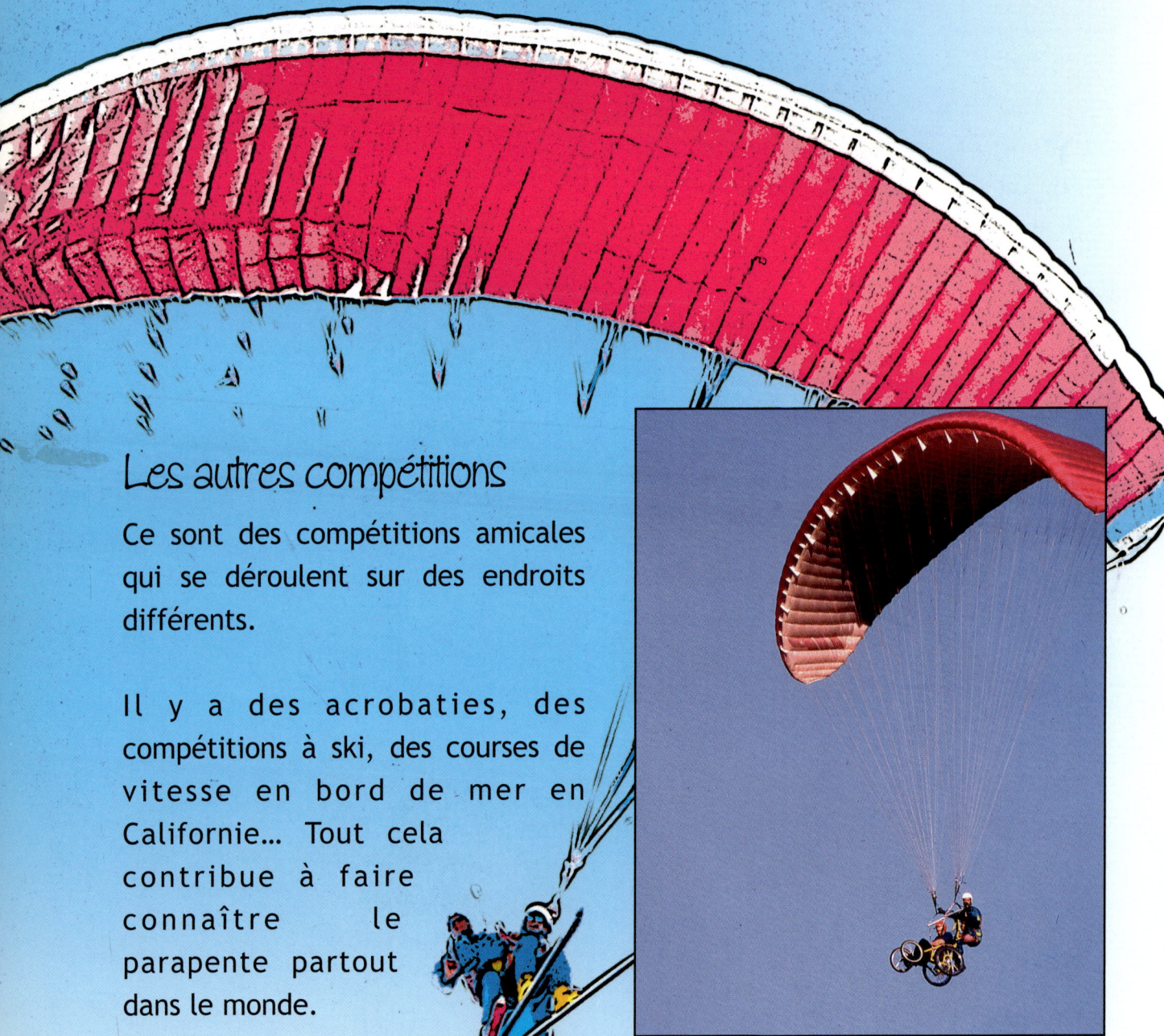

Les autres compétitions

Ce sont des compétitions amicales qui se déroulent sur des endroits différents.

Il y a des acrobaties, des compétitions à ski, des courses de vitesse en bord de mer en Californie... Tout cela contribue à faire connaître le parapente partout dans le monde.

Par exemple, le festival du vol libre qui se déroule à Saint-Hilaire-du-Touvet, tous les ans la troisième semaine de septembre, organise un concours de déguisement comme pendant un carnaval : la Coupe Icare. On fête la fin de la saison. On voit tous les déguisements possibles et imaginables (dragons, animaux, sorcières...), non seulement

pétitions et champions

Si tu assistes à la Coupe Icare, tu pourrais bien rencontrer d'étranges individus tout bariolés de couleurs....

le pilote est déguisé mais toute sa voile aussi. Le ciel est alors rempli de couleurs.

Un concours de films sur le thème de l'air et de l'extrême est également organisé lors de ce festival.

Des événements similaires se déroulent aussi au Brésil, en Italie et au Japon.

Glossaire

AFFALER : Faire tomber la voile au sol.

ANÉMOMÈTRE : Instrument de mesure calculant la vitesse du vent.

ALTIMÈTRE : Instrument de mesure calculant ton altitude.

BIPLACE : Parapente à deux places.

BORD D'ATTAQUE : Devant de la voile.

BORD DE FUITE : Arrière de la voile.

CAISSON : Alvéoles constituant la voile et servant à emmagasiner l'air.

DISTANCE LIBRE : Compétition sans limite de distance.

ÉLÉVATEURS : Cordelettes utilisées pour élever la voile.

EXTRADOS : Extérieur de la voile.

GPS : Système de guidage par satellite.

MANCHE À AIR : Manche de textile servant à indiquer l'orientation du vent.

PARALPINISME : Parapente en haute montagne.

SELLETTE : C'est le fauteuil où s'installe le parapentiste.

STABILO : Extrémité de la voile servant à la stabilité du parapente.

SUSPENTES : Petites cordelettes qui relient la voile à la sellette.

THERMIQUE : Masse d'air chaud.

TURBULENCES : Brusques mouvements d'air.

VARIOMÈTRE : Instrument de mesure calculant la pression atmosphérique.

VOILE : C'est la partie souple en toile qui te permet de t'envoler.

VOL EN BIVOUAC : Parcours sur plusieurs jours avec couchage.

Index

Affale	p.32	Manche à air	p.18,23
Aile à caisson	p.6	Paragliding	p.5
Aller-retour	p.41	Paralpinisme	p.36
Altimètre	p.13	Point d'attache	p.10
Anémomètre	p.13	Sellette	p.10,11
Atterrissage en PTS	p.32	Stabilo	p.8
Atterrissage en PTU	p.32	Suspentage	p.8
Biplace	p.34,38	Suspentes	p.8
Bord d'attaque	p.9	Thermique	p.27,30
Bord de fuite	p.9	Turbulences	p.30,31
Caisson	p.8	Triangle	p.41
Delta	p.6,26	Variomètre	p.13
Distance libre	p.40	Voile	p.10,14,15,17,20,22 28,29,32,33,34,36,39
Élévateurs	p.8	Vol en bivouac	p.38
Extrados	p.9	Vol acrobatique	p.39
Intrados	p.9		
GPS	p.13		

AVERTISSEMENT

Ce sport peut être dangereux.
Ce livre en est une découverte.
Pour ta sécurité tu dois être responsable.

Remerciements :
- Philippe Dupond et Olivier Leconte
- École de parapente Arcs en Ciel à Bourg-Saint-Maurice
- Roland freycan
- Arthur Thiebaut

Crédits photographiques :
Toutes les photos sont de Christian Pedrotti
sauf pages 8d, 10g-b, 11d, 13b-d, 33d-b de Micheline Van Bever
2, 18h, 19, 23, 24, 25, 26, 27, 30, 31g, 37h, 38, 40, 41, 42/43, 44d, 45 de Sylvie Chappaz

DISCARDED